Total vergurkt

Elisabeth R. Evers

Die Gurke

Literarisch (lyrisch)

„Vergurktheiten" von real bis fiktiv
„Spreewaldvergurktes"
Regionale „vergurkte Besonderheiten"

Lukullisch (Rezepturen)

Musikalisch (Liederpartituren)

mit
Zeichnungen (Gurkenmetaphern)
und
Fotos

Elisabeth R. Evers

Impressum

Bibliografische Information der Deutschen Nationalbibliothek:
Die Deutsche Nationalbibliothek verzeichnet diese Publikation
in der Deutschen Nationalbibliografie, detaillierte Daten sind
im Internet über http://dnb.dnb.de abrufbar.

Covergestaltung: Elisabeth R. Evers, Laatzen
                        Renate Heberle, Hannover
Buchrückumschlag: Elisabeth R. Evers
Foto Rückumschlag: Ralf Reiner Conrad, Hannover
Fotos: Elisabeth R. Evers
Zeichnungen: Idee von Elisabeth R. Evers
                        Gezeichnet von Renate Heberle
Partiturenerstellung: Agnes Hapsari Retno, Hannover
Komponistin: Elisabeth R. Evers
Liedertexte: Elisabeth R. Evers
Autorin: Elisabeth R. Evers

2015
2. überarbeitete Auflage 2016

Herstellung und Verlag: BoD – Books on Demand, Norderstedt, 2016

ISBN: 978-3-7386-4952-9

Mein Dank gilt allen, die mir bei diesem
Buchprojekt zur Seite gestanden haben, mit wohl
gemeinter Kritik, mit Rat, mit Tat und Motivation.

Namentlich erwähnen möchte ich:

Ralf Reiner Conrad (mein mentaler ‚Kickboxer'),
meine Schwester Elke Klußmann,
Renate Heberle, die meine Skizzen zeichnerisch
gekonnt in Szene gesetzt hat,
Agnes Hapsari Retno, die die Notenpartituren
meiner Kompositionen mit integrierten Texten
erstellt und im MusikZentrum Hannover für die
CD's meine Lieder auf dem Flügel eingespielt und
zum Teil eingesungen hat.

*Zu guter Letzt ‚lobpreise' ich meine
‚Hauptdarstellerin' mit: Gurke, oh Gurke...*

Inhalt

Einleitung

Durch eine exorbitante Gurkenernte 2012 hat mich die Gurke total in ihren Bann gezogen. Daraufhin schrieb ich erste Texte und komponierte Lieder über diese bedeutsame Frucht. In meinen Lesungen band ich die Gurkenwerke mit ein. Daraus hat sich beim Publikum „die Gurke" als mein Markenzeichen etabliert.
Ich kenne kein anderes „Gemüse", das im bedeutungs-spezifisch übertragenen Sinne vergleichbar häufig benutzt wird.
Um es sinnlich abzurunden, besteht mein Gurken-Sammelsurium aus Wort-, Bild-, Geschmacks- und Tonelementen.

An der Spreewaldgurke kam ich natürlich nicht vorbei. Um Näheres zu erfahren, reiste ich in ihr heimatliches Biosphärenreservat. Einige Erkundungsergebnisse habe ich als Tipps aufgeführt.

Vielleicht ist dieses Buch für Leser ein Anreiz, selber den Spreewald auf Spuren der Gurke erforschen zu wollen.

Humor ist der Schwimmgürtel des Lebens (Autor unbekannt)

Als „Schicksalsgurke"

Hat mich der humoröse Schalk
Im Nacken
Zu Hirngespinsten
Wohl verführt

Mit faltenkrauser Grüblerstirn
Gurkenzerwuseltem Gehirn
Gurkenbeseelt inspiriert
Poetisch instrumentalisiert
Experimentell
Zur „Gurkenhaarmännin" mutiert
Lukullisches fest bis flüssig kreiert
Rekonstruierbar als Rezept notiert
Melodisch verkomponiert
Kombiniert

Habe ich die Gurke verpapiert

Vergurkte Texte

Mich deucht
Die Kunst beim Schreiben sei
Zwischen Zeilen
Versteckt
Botschaften zu verteilen

Die ganze Nacht bis früh um sieben
Habe ich Texte aufgeschrieben
Als Klopapier bemalt verblieben
Dienen einem guten Zweck
Losungsbefreit unirritiert
Wiederum neu inspiriert
Wesentliches Formulieren
Begrifflich witziges Kreieren
Entspannt enthemmt zu eruieren
Egal
Ob es sich um Philosophie dreht
Oder
Es schlichtweg nur um Gurken geht

Grüne Köstlichkeit

Gurke, oh Gurke, du grüne Köstlichkeit

Gurke, oh Gurke, in deinem Pickelkleid

Gurke, oh Gurke, du schmeckst so lecker, du

Gurke, oh Gurke, als Suppe, Dill dazu

Dich kann man auch weit werfen

Ich weiß, dass man das kann

Dich esse ich nur lieber

Schau mich nicht böse an

Aus dir mach ich Gemüse

Zucchini noch dazu

Mit Knoblauchsalze würzen

Und Fleisch

Wirst zum Ragout

Gekochte Salzkartoffeln

Lege ich nebenbei

Und fertig ist die Mahlzeit

Ich esse dann für zwei

Gurke, oh Gurke, du grüne Köstlichkeit

Gurke, oh Gurke, du trugst ein Pickelkleid

(siehe Lied Seite 68)

Biogurke

Im Gurkenfeld
Ein kleiner Held
Bewacht die Regenwürmer
Er spornt sie an
Schleppt Blätter ran
Man nennt ihn Würmerstürmer

Die Gurken wachsen üppig groß
Stallmist gewürzter Boden bloß

Laut schwärmen
Konnte der Bauer nur
Von seinen Supererträgen

So erfuhr vom Gurkenmann
Ein Fabrikant
Der mailte ihn postwendend an
Den Deal mit ihm zu machen

Lachen
Tat der Bauer
Blieb gelassen stur

Gensaatpakete, Gifte pur
Wären ihm zuwider
Würmerstürmer der Natur
Seien ihm viel lieber

Will sich an Biogurken laben
Verzichtet auf Sponsorengaben

Würzen

Das ist eine Kunst

Bedarf erfinderischer Inbrunst

Zur Vollendung das Probieren

Zum abgestimmten Austarieren

Der erste Bissen ist entscheidend

Ob ab in den Müll

Oder tellerverbleibend

Drum auf den Mund

Die Gabel rein mit Testsalat

Na? Schmeckt das fein?

Bisher gab's schmatzende Geräusche bloß

Leuchtende Augen, erwartungsvoll, groß

Bist du ein Elite-Genießer-Gourmet

Lutschst vor dem Schlucken

Erotisch die Speisen wie Sahnebesee

Entzückt ganz langsam den Happen zu Brei?

Das freut den Magen und Drüsen dabei

Sie setzen vor Freude Sekrete frei

Der Verdauung bekommt das richtig gut

Du weißt wie man den Körper verhätscheln tut

Ob bei Gurkengerichten oder anderen Leckereien

Die Würze muss stets richtig sein

Dann geht der Rest von ganz allein

Gurken im Sprachgebrauch

Missbraucht werden Gurken
Im Sprachgebrauch
Verunglimpft auch
Für Verbrauchtes, Schäbiges, Gebrauchtes

Sexistisch
Ironisch
Unsexy
Wie des Mädels Stampferbeine

Ich meine
Das alles nicht alleine

Wenn unschlüssiges Handeln
Und Wandeln auf Umwegen beruh'n
Was hat denn das mit Gurken zu tun?

Gurken im Vergleiche steh'n
Zu Unschönem, Witzigem
Komischem, Abgetakeltem
Seltsam krummen Sachen

Leute darüber respektlos kichern
Feixen, prustend lachen

Mäandernd verirrt
Fehl kalkuliert
Vertan
Total vergurkt
Gelangt man verblüfft
Über Regen zu Traufen
Dann
Ist es einfach nur dumm gelaufen

Babygurke

Hungrig betrat ich einen Laden
Entdeckte neben Weißbrotfladen
Winzige grüne Fruchtgebilde
„Babygurken" stand auf dem Schilde
„Tag, gute Frau, die sind taufrisch
Just postiert auf diesem Tisch"
Bot feil die Dame weiß geschürzt
„Die schmecken lecker ungewürzt
Passen im Ganzen in den Mund
Als Zwischenmahlzeit echt gesund
Verwahrt in ihren Jackentaschen
Haben Sie immer was zu naschen!"

Und
Grüngurkig tropfte der Sabberschlund
Von Willi
Ihrem Dackelhund

Dornröschen und die Gurkensuppe

Sie schrieben das Jahr 1384, den 08. August
Sengende Sonne erhitzte Wald und Flur
Nur kühn der Ritter Fehdeslust
Gestählt, wettererprobt stets ohne Frust
Von Fürsten weit und breit gelobt für seine edlen Taten
Sie waren und blieben weiterhin seine verlässlichen Paten
Dazu der König, gewährte ob der letzten siegreichen Schlacht
Ihm einen besonderen Wunsch danach
Er grübelte, gedachte, ach
Dornröschens elendiger Schmach
Komatot lag sie im Schlossgemach
Regungslos und wurde nicht wach
Die wollte er erwecken
So ritt er hin zur grauen Burg und sah mit Schrecken
Ein Dornen umranktes Mauerverließ
Mit scharfem Schwerte stocherte
Stieß er in die dicken verflochtenen Ranken
Die widerspenstigen schier unüberwindbaren Schranken
Es schlenderten vorbei drei lausige Schurken
Die kauten beim Wandern an riesigen Gurken
Der Ritter rief: „Stopp! Ihr da! Haltet an, so haltet doch an!"
Denn er ersann einen listigen Plan
Erbat sich von Ihnen für dreißig Dukaten
Die Lage des Gurkenfeldes zu verraten
Ließ Kugelkanonen zum Schlosse kommen
Hatte von der Plantage zwanzig Tonnen
Der allergrößten Exemplare mitgenommen
Pyramidisch gestapelt hoch auf daneben
Rief ehrergreifend siegesgewiss
Dabei die Arme in die Höhe riss
„Dornröschen, Dornröschen du sollst leben!"
Dann schmetterten mit dröhnendem Krach

Als Kampfgeschwader nach und nach
Die Früchte durch die Rosenmauer
Ein Riesenloch ward aufgetan
„He! Leute, kommt rasch, fasst alle mit an!
Schaufelt den Pfad vom Gurkenmus frei!
Flugs, flugs, nun macht schon, herbei, herbei!
Ich wag' mich zur Prinzessin hin
Weil ich der Mutigste aller Ritter bin!"
So sprach er, drang im Schlosse ein
Sah suchend sich um
Wo mag sie sein?
Die Schöne, die sein Herz berührte
Die Treppe zur Katakombe führte
Er wankte hinab in muffige Gruft
Begleitet von frischem Gurkenduft
Da! Lag sie schlafend auf einem Bett
Lieblich lächelnd und so nett
Er beugte sich zu ihr herunter
„Wach auf mein Mädchen, werde munter!"
Küsste sie innig und flüsterte sinnig:
„Zur Hochzeit gibt es Gurkensuppe!"
„Gurkensuppe? Gurkensuppe? Hm, mein Leibgericht!"
Stammelte sie, rosig wurde ihr Gesicht
Und schlug die Augen auf
„Oh, lieber Retter ich wette drauf."
Sang tief berührt, glockenhell laut
„Ich bin jetzt Deine treue Braut"
Dann wurden sie getraut
Der Hofstaat feierte an drei Nächten und Tagen
Sowie die schlossnahe Bürgertruppe
Die Hochzeit nur mit Gurkensuppe
Liebe geht eben durch den Magen

Grillgurke

In Nachbars Garten, gefräßig still
Brutzeln Gurken auf dem Kohlegrill
Nebst großen Stücken Fleischtomaten
Raucht scheibchenweise Schweinebraten

Genussvoll mampfen nette Leute
Die oftmals feiern, nicht nur heute
Alsbald, kein Krümchen bleibt mehr über
Schielen sie zu mir herüber

Laut ruft die Chefin über'n Zaun:
„Darf ich bei dir paar Gurken klau'n?
Wie schön, du bist gerade hier
Wir bräuchten unbedingt noch vier
Von deinen Superexemplaren
Äää, für Salat, nicht die zum Garen!"

Nachbarschaft gilt es zu pflegen
„Ich will sie auf die Hecke legen!"
Im Gegenzug gekühltes Bier
„Prost! Gurkenfrau, wir danken dir!"

Im Kaufhaus

Das Licht geht aus
Feierabend im Kaufhaus
Flüstern, Rascheln im Regal

    In Kisten und Kästen auf einmal
    Im Obst- und Gemüseareal
    Äpfel kichern mit Salat
    Erdnüsse bitten Dill um Rat

Erdbeeren
Und dralle Radieschen
Wetteifernd proben
Den Nacktspagat

    Möhren schwenken ihren Schopf
    Über einem Weißkohlkopf

Pastinaken knacken Nüsse
Weintrauben verschenken Küsse

    Birnen albern mit Zitronen
    Fenchel kitzelt die Maronen
    Da ertönt der Stimme Klang
    Herzzerreißender Gesang:
    „Voulez vous coucher avec moi
     Ce soir"
    Bittet die Gurke eine Tomate

„Ach", staunt diese
„Was? Ich mit Dir?
Und du mit mir?
Never, ever, ne, ne, ne!"

    „Ich wünsche mir ganz neue Kinder
    Mit roten Streifen etwas rund
    Teils Tomate, ein bisschen Gurke
    Generprobung ist der Grund"

Willst du Menschen überlassen
Mixtur Gurkentomate
Eines will ich Dir verraten
Dazu sag' ich
Ne, ne, ne!"

Gurken garen

Gurken garen gar nicht gut

Im Wasser das nicht kochen tut

Nicht brodelnd gurgelnd zischt

Wenn rote Glut erlischt

Die Gurke die da schmurchelnd gart

Ist weder weich noch richtig hart

Dem Magen ist das ganz egal

Jetzt nichts zu essen wär' fatal

Schlürf ein die Gurke

Drück se runter

Dann biste satt

Dazu putzmunter

‚Halb gare Gurken schmecken nicht'

Sei die Moral von der Geschicht'

Erspare Dir den Kochspagat

Mach von der Gurke gleich Salat

(siehe Lied Seite 67)

Faschingsgurke

Zum Narrenfeste schlich sie hin
Getarnt, die Gurkenkönigin
Im Ganzgewand total verhängt
Das Augenpaar verschont entzwängt
Sie lächelte geschlitzt verschmitzt
Und lästerte höfisch gewitzt
Im Mantel der Unkenntlichkeit
War sie zur Schandmaultat bereit

Da rempelte ein frecher Schurke
Er schubste die Gespenstergurke
Schwenkte krakehlend sein Glas Bier
„Es lebe der Adel, er ist hier
Auf diesem bürgerlichen Fest
Ein Spitzel, fern vom Herrschernest!"

Es stockte ihr Atem, sie glotzte gebannt
„Au weia!" schrie sie, „der hat mich erkannt!"
Floh überstürzt, sprang auf ein Ross
Ritt tief bedröppelt heim zum Schloss

Wort-Warteschleife

Gefangen bin im Gartenhaus

Seh' aus dem Fenster

Ei der Daus!

Es regnet Katzen, kleine Hunde

Den ganzen Tag, Stunde um Stunde

Ich habe Hunger, nichts zu essen

Dem Gurkenrausche aufgesessen

Auch diese sind nun leider alle

Verflixt! Ich sitze in der Falle

Es pladdert ohne Unterlass

Nach Hause radeln?

Macht das Spaß?

Nööööö - dazu ist es viel zu nass

Ich gebe mich dem Schicksal hin

Bleibe geduldig

Das macht Sinn

Nehme den Bleistift

Ein Blatt Papier und dichte fröhlich mit Plaisier

Dem Warteschleifentief entronnen

Wortkreationen anstatt gewonnen

Da! Klart es auf! - Die Sonne lacht - Urplötzlich

Ooooch, jetzt schon? Wer hätte das gedacht

Herbstlich

Gelbe Blätter
Buntes Laub
Zwetschgen reif, süß, fruchtig, zart

Weinblattranken
Schmücken Zäune
Grün bis dunkelrot, apart

Winterastern blühen kräftig
Weiß bis rosa
Himmelblau

Nebelschwaden hängen schwer
über feuchter Wiesenau

Kürbis gelb-orange leuchtet
Spinnennetze, Glitzerreif
Rübenhaufen aufgeschichtet
Feuer rauchen Säulenschweif

Von den Stangen hängen graue Ranken
Rippig kahl herab

Letzte kleine blasse Gurken
Knipse ich behutsam ab

Gurkenhaiku

Kühle küsst Wärme

Nebelschwaden dunsten grau

Gurke leckt den Tau

Seegurke

Bewanderte Spaniens sandigen Strand
Manch hübsche Muschel ich dort fand

Felsstein umspülend schwappte das Meer
Platschend gluckernd hin und her

Schaute tief ins Wasser hinein
Pendelnd tanzte ein Seegürklein

Behauptet wird immer: es pinkeln die Dinger
Gepresst gehalten in Hand und Finger

Mit einem Schwups packte ich zu
Erwischte das Tier, drückte im Nu

Wie lax gewahrsagt schoss ein Strahl
Aus diesem Weichteil allemal

Ließ gleich das Phallusgürkchen fallen
Nachdem es aus dem prallen drallen

Zustand bald total entleert
Versank im Meer recht unversehrt

Und scheint es auch vermessen
Die Viecher kann man essen

Fotosession mit Hilde

Ein Wunder geschah

Ich sah

In meinem Schrebergarten

An x-verschiedenen Gurkenarten

Auf humusgewürzter Erde

Dass erstmals die Anzucht gelingen werde

Tatsächlich gediehen kräftige Pflanzen

Zu einem dichten Gurkenwald

Wuchsen weiter, immer weiter

Erklommen auch die Hecken bald

Exorbitante Fruchtgebilde

Zeigte ich Cousine Hilde

Die staunte, klatschte mir auf's Knie

Dabei entfesselt ungläubig schrie:

„Mutantengebilde zur Dekoration! (Hä, hä, hä!)"

Ich meinte: " Na, essen kann man die schon!"

„Schieß Fotos!" befahl sie. „Zur Erinnerung

Hinweislich, dass in Wasser vergorener Hühnerdung

Als Hauptnahrung

Extraordinarisch, exemplarisch

Klimatisch nicht zu toppen ist"

-„Okay!

Auch für dich, dass du deine Deko nie vergisst!"

Vergurkte Sauerei

Ich muss in den Garten, verdammte Hacke
Die Scholle düngen, verflixter Mist

Vergoss vergorene Hühnerkacke
Danach habe ich mich fix verpisst

Ist der Gestank erst mal verraucht
Die Kost von Pflanzen aufgebraucht

Naturdiätgemüse pur
Verschlankt gemäß der Biouhr

Nach traditionsbewährter Art
Verdauungsreste aufgespart
Macht Gurken saftig, fruchtig, zart

Darf Gurken jetzt alleine essen
Ich schwelge scheinbar wie besessen

Vernasche täglich drei mal zwei
Vergurkte Völlerei

Baumgurke

Angelehnt an einen Baum
Träume ich den Sommertraum
Bin bewahrt vor Regen, Wind
Wohl behütet wie ein Kind
Wachse prächtig, riesig groß
Halt gibt mir der Stämme Schoß

Cucumis sativus
Die Gurke

Eine Beerenfrucht
Der Kürbisfamilie ihres Gleichen sucht
Schmeckt neutral und doch speziell
Hat Streifen auch mal gelblich hell
In grüner Schale pickelig
Krumm, gertenschlank bis dickelig

Von ihr maßlos dürfen essen
Leute, die Kalorien messen
Der Schönheit dient
Wie's sich geziemt
Saftig, knackig, lecker, frisch
Landet sie auf jedem Tisch
Mal groß, mal klein, direkt, versteckt
In vielerlei Salat
Unterschiedlichster Art
Gekocht sowie frisch ungegart

Eingelegte, salzig, sauer
Geheimrezepte schützt der Bauer
Vage, ungefähr genannt
Gewürze allgemein bekannt
Sind Estragon, Piment und Pfeffer
Lorbeer-, Wein-, Kirsch- oder Nussblätter
Zwiebeln, Melisse, Basilikum, Dill
Davon so viel ein jeder will
Die Spreewaldgurke
In weltberühmt EU-geschützter Heimat
Im Biosphären Reservat
Erkundbar per Rad
Auf Gurkenpfad
Misst 260 km bloß
Zwecks Marathon bedeutungsgroß
Zum Start der Slogan:

„Auf die Gurke, fertig, los!"

Spreewälder „*Gurkenhaarmann*"

„Der Mörder ist nicht nur der Gärtner"
Schimpft barsch ein Schleusenwärter
Kurbelt kräftig quietschendes Tor
Wasser steigt nun langsam empor

Zeitungen liegen vor seinen Füßen
Mit schwarzen Lettern großer Schrift
Durchfeuchtet von massigen Spritzwassergüssen
Werden durch die „Klongs" verschifft

„Organisiert das der Kahnfährverein
,Flottes Rudel'?"
„Eventuell, das kann schon sein" –
Touristen wollen alles wissen
Neugierig hin- und hergerissen

Jedenfalls im letzten Winkel
Gurkenwürste, Brot aus Dinkel
Alle Menschen hier erreichen
Dazu Nachrichten
Auch über Leichen

In der Küche vom Lokal
Ist dem Koch schnurzpiep egal
Was drumherum alles passiert
Ihn nur sein Brutzeln interessiert

Und nun die wichtigste Aktion
Lippenzittrig ohne Ton
Wetzt kratschend ein Machetenmesser
Außer ihm kann's keiner besser

Langt in den Korb, was holt er raus?
Cucumis geliefert ins Haus
Schlanke, frische Grüngebilde
Was führt er wohl damit im Schilde?
Hämisch grinsend sein Gesicht –
Aufs Schafott
Für das Gericht

„*Haarmann*" röcheln die Gurken noch
Bevor
Maschinenartiges Zerhacken dröhnt
Der Mörder opferunversöhnt
Wirft zerstückelte
Wachsbleiche Gurkenleichen
In kochendes Wasser
In den Pott
Oh Gott, oh Gott!

Nun speziell auf sorbische Art
Saure Gurkensuppe gart

Der Mörder ist nicht nur der Gärtner
Somit auch der Koch
Also stimmt die Behauptung
Des Schleusenwärters doch

> *„Karl Haarmann"*
> *Ehemals Mörder in Hannover*
> *Besungen, beschrieben*
> *Gerüchte blieben*
> *Trotzdem wahrhaftig umgetrieben*
> *Ein Schlächter mit Zerstückelungstrieben*
> *Hat Leichen sogar in Dosen vertrieben*
> *Der Massenmörder*
> *Von mehr als sieben*

In Lübben

Gezielt gewählte Unterkunft am Deich

Die „Villa Kunterbunt"

Ein seltsamer Vogel

Ist der Grund

Gurken seine Lieblingsspeise

Das Flügeltier beäugt das Futter

Nein, nein

Ich meine nicht die Butter

Hangelt sich etappenweise

Unbeholfen hüpfend leise

Behände runter von der Leiter

Tiefer, tiefer immer weiter

Leckt erst an feuchter Gurkenscheibe

Rückt Kernen noch zuletzt zu Leibe

Sortiert im Schnabel

Reste raus

„Ach, guck mal

Sieht das putzig aus!"

Ja, dieser Papagei

Frisst gurkengierig ganze drei

Gurkenmuseum

Im Museum im Ort Lehde
Hielt 'ne Frau die Gurkenrede
Wies auf Bilder, Gegenstände
Alter Zeiten vor der Wende
150 Jahr' zurück
Handgeschriebene Rezepte
Fehlten nicht in dem Konzepte
Demonstrative Verarbeitungsschlacht
Von Gurken hier zur Schau gebracht
In Handarbeit einst durchgeführt
Bewundernd manches Herz berührt
Aus Holz gebaute Riesenfässer
Verschiffungsarien durch Gewässer
In Massen Spreewaldgurken fanden
Abnehmer in fremden Landen
Bis heute, in der ganzen Welt
Man Spreewaldgurken einbestellt
Was mich plötzlich sehr verdutzte
Während ich Gurken verputzte
Traf mein Blick die Galerie
In mir es „was soll das" schrie:
Gurkenköniginnen die alle kennen
Als ‚Pfeffergurken' zu benennen?

Gurkenköniginwahl in Lehde

Bei den Staricks im Lokal
Jedes Mal die gleiche Qual
Junge Damen steh'n zur Wahl
Aufgerüscht in feinster Tracht
Die Entscheidung schwierig macht
Welche Gurke ist die beste
Triumphiert an diesem Feste?
Alle Gurken durchprobiert
Und nach Güte aussortiert
Rezepturen abgefragt
Lang die Jury drüber tagt
Welcher winkt begehrter Preis?
Bis man das Ergebnis weiß
Angespanntheit ausgesessen
Königsgurken aufgegessen
Publikumsentscheid bemessen
Ist es endlich an der Zeit
Die Elite aufgereiht
Gurkenkönigin gekürt
Alle Leute schau'n gerührt
Jubeln, klatschen, freuen sich
Irdendwas bewegt auch mich
Meine Jugendzeit vertan?
Weit betagt, gestehe dann
Meine Gurken sind misslungen
Laken ungeschnurpzt durchdrungen
Obendrein, Oh, mein Gott! Walter
Zur Wahl steht kein alter Falter!

Gurkenernte *(siehe Lied Seite 69)*

Nach verflickster Gurkerei
Kam am Fliegerhorst vorbei
Es landeten Saisonarbeiter
Im Gurkenflieger
Wie geht's weiter?

Ich stoppte just, stolz wie ein Held
Am entdeckten Gurkenfeld
Stieg aus und wurde rangewunken
Wäre fast vor Scham versunken
Zögerte kritisch, nur ganz kurz
Gedanken plärrten: „Es ist schnurz
Egal sei nicht die Skepsisqual
Versäumtes steht nie mehr zur Wahl"

Menschen freundlicher Gesichter
Wirkten nicht als böse Richter
Palaberten mit Handschuhhänden
Zeigten mir wie die Gurken fänden
Von den Pflanzen zu den Wagen
Ihren Weg an vielen Tagen

Pflücker lagen auf dem Bauch
Nicht nur Männer, Frauen auch
Heringsdicht im Ernteflieger
Schwebend griffen Erntekrieger
Auf Matratzen wunderbar
Gürkchenscharen
Das ist wahr

In einer Konservenfabrik (Einlegerei) in Boblitz

Durch Plexiwände war zu sehen

Welchen Weg die Gürkchen gehen

Pickeldinger vor dem Naschen

Wurden erst gründlich gewaschen

Tanzten rubbelnd auf den Banden

Wohl sortiert die Richtung fanden

Zu den Gläsern jene Chosen

Andere zu großen Dosen

Manche extra reingestopft

In Behälter reingepfropft

Waren sachte eingestichelt

Saft durchdringbar eingepichelt

Pasteurisierte Delikatessen

In Lakearten eingesessen

Gereichte Proben aufgegessen

Hm, lecker!

In der Remise kann man sehen

Wie die Entwicklung ward geschehen

Von Hand zum maschinellen Werk

Gerichtet ist das Augenmerk

Per Utensilien, bunten Bildern

Den Verlauf vortrefflich schildern

Spreewälder Gurkenfundartikel

An Verkaufsständen für Touristen spielt die Gurke allerorts als „vergurkter" Artikel natürlich eine wichtige Rolle. Um nicht weitere Buchseiten zu sprengen, möchte ich nur einige nennen:

Dosengurke

Eine Gurke in der Dose
Transportgeschützt
Anstatt lose in der Hose

Gurkenschlüsselanhänger

Gurke bammelt an dem Schlüssel
Weich aus Plastik mit Gesicht
Der ist kinderleicht zu finden
Selbst im Dunkeln und bei Licht

Gurkenlikör

Gurkenlikör im krummen Fläschchen
Passt in jedes Hosentäschchen
Gesteckt zu einer langen Kette
Saufen um des Siegers Wette
Wer die längste davon hätte

Die Weihnachtsgurke

Grüne Glasgurken

Schmücken Weihnachtsbäume

Pickelig glänzende Dekoträume

Behaupten schon lange gewohnten Platz

Tschilpt ein allwissender Spreewaldspatz

Gurkenleberwurst: War in Neu Zauche
Bei Nakonzers zu Besuch
Mich empfing ein Wohlgeruch
In bewährter Fleischerei
Gab es manche Leckerei
Gurkenleberwurst auf Bemme
Half mir aus der Hungersklemme

Gurkenbockwurst?
Fragte mich durch in Lübbenau
Viele wussten's nicht genau
Gurkenbockwurst, gibt's die hier?
In der Fleischerei Koreng, sagt man mir:
„Aber, ja! Die haben wir."

Gurkeneis: Suchte nach dem Gurkeneis
Dem Original zum Superpreis
Fand es im Ort Burg per se
Dort in Urban's Eiscafè

Gurkenradler
Löscht Durst kühle
In Burg, in der Kräutermühle

Gurkenbrot

In Calau

Eine nette Bäckersfrau

Stellte Gurkenbrot zur Schau

Noch ganz frisch und körperwarm

Hielt es hoch auf ihrem Arm

Ich tat mich nicht lange zieren

Wollte dieses gleich probieren

Mampfte diese Köstlichkeit

Mit Genuss in Dankbarkeit

Auch in Lübbenau stellt man Gurkenbrot
zur Schau

Schmorgurke in Aspik

Lud Freunde ein zu diesem Fest

Primär zum Probeessenstest

Ertrug dabei miese Kritik

Geschmorter Gurken in Aspik

Das Drumherum sei wabbelig

Zu flüssig, teils zu schwabbelig

Obwohl die Würze wäre stimmig

Verlegen schaute ich recht grimmig

Misslungen war die Konsistenz

Daraus zog ich die Konsequenz

Änderte mein Buchkonzept

Löschte das Aspikrezept

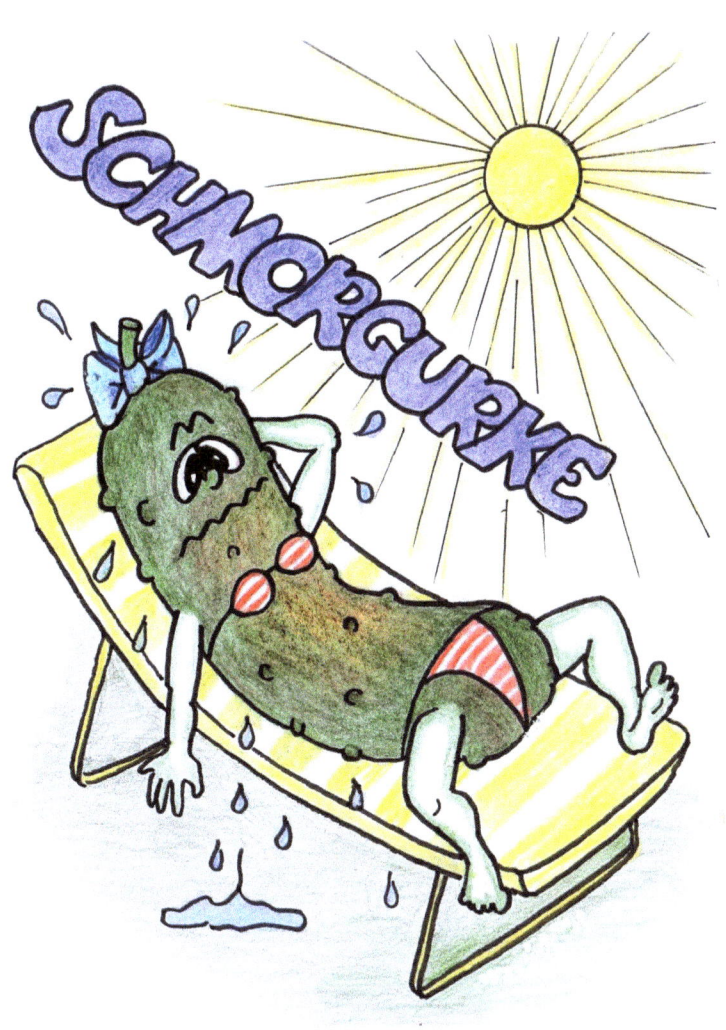

Ein lukullischer Gurkentag mit meinen ,vergurkten Rezepten'

Gurkensmoothie „Tageswecker"

Zutaten für 2 Personen:
½ Salatgurke
1 Prise Salz
3 Ringe Honigmelone
1 EL Gerstengraspulver
3 Blätter Zitronenmelisse
etwas Chili und Dill
Nach Bedarf mit Stevia gepulvert oder flüssig süßen.
Zubereitung:
Alle Zutaten in einem Mixer pürieren und in Gläser gießen.
Eventuell mit Mineralwasser verdünnen.

Gurkenfingerfood
(vom Wrap zum Sushi)

Zutaten für 1-4 Personen:
4 Scheiben Toastbrot
1 kleine Frühstücksgurke
4 Dillzweige
200g Frischkäse mit Kräutern

Zubereitung:
Toastscheiben auf Stufe 1 anrösten, auf ein Brett legen, mit
einem Nudelholz platt walzen, mit Frischkäse bestreichen.
Die Gurke längs vierteln.
Auf jede Scheibe Toastbrot 1 Viertel Gurke diagonal
auflegen. Dill auflegen und von einer Ecke her aufrollen,
eventuell mit einem Zahnstocher fixieren, ggf. zu „Sushi"
zerteilen.

Tierisches Gurkenfrühstück

Zutaten für 1Person, darf auch etwas mehr sein...
Eine hungrige Wespe
1/2 Vollkornbaguette
1 EL Kräuterquark oder mehr
1 Scheibe Schwarzwälder Schinken
¼ einer halbierten Salatgurke oder
1 halbierte Frühstücksgurke
Salz
Pfeffer
1 Zweiglein Dill
1 Blatt Rucola

Zubereitung:
Baguett halbieren oder vierteln, mit Quark
bestreichen, darauf Rucola, Schinken und Gurke
legen, salzen, pfeffern, mit Dill krönend
dekorieren.
Warten bis eine Wespe aufsitzt.
Und ausharren bis der Arzt kommt!

Lisa's warme Gurkensuppe

Zutaten für 2-4 Personen:
1 Salatgurke
200 g Hackfleisch
4 EL Rapsöl
1 Zwiebel
1 Bund Dill
2 Zehen Knoblauch
1 TL Salz, nach Belieben Pfeffer, 1 Prise Zucker
150 g Frischkäse mit Kräutern
500 ml Wasser, 1 Brühwürfel

Zubereitung:
Die Gurke ungeschält raspeln. Im Topf geschälte und
zerkleinerte Zwiebel in Öl anrösten, 200 g Hackfleisch
hinzugeben, anbraten. Mit Brühe ablöschen. Salz, Pfeffer,
Knoblauch zugeben, 20 Min. durchgaren, Frischkäse zugeben,
pürieren, abschmecken, mit gehacktem Dill garnieren.

Lisa's kalte Gurkensuppe

Gurkiges Familienglück je nach Püriergrad für Milchbezahnte,
Normalbezahnte und Felgenkauer geeignet

Zutaten ab 4 Personen:
3 Salatgurken
1 l Buttermilch
250 g Frischkäse mit Kräutern
1 TL Rapsöl
4 Knoblauchzehen
10 g brauner Zucker
50 ml süße Sahne
1 TL Salz
2 EL gehackter Dill

Zubereitung:
Gurken waschen (ich verwerte sie gern ungeschält), längs halbieren, Kerne mit einem Löffel ausschaben und auffangen, mit 1 Prise Salz saften lassen.
Gurkenhälften in sehr kleine Stückchen schneiden und in einer Schale zusammen mit dem abgeseihten Kernsaft und allen weiteren Zutaten pürieren, nachsalzen und mit Dillspitzen kaltgestellt servieren.

Gurkenmaske ‚für Zwischendurch'

Olivenöl und Gurkensaft
Verrührt mit Quark
In einer Schüssel
Um die Augen
Um den Mund
Auf's Dekolté, den Hals und Rüssel
Dick als Paste aufgetragen
Lohnt es einen Test zu wagen

Lassen sich die Falten bügeln?
Sich verringern, ganz entzügeln?

Nach zwei Stunden wird man sehen
Was ist im Gesicht geschehen
Luxusbusen, Schwanenhals?

Innen oder außen
Dem Kleister wär's egal
Essen kann man jedenfalls
Diese Maske allemal

Was geklatscht ward auf die Haut
Genussvoll restlos weggekaut
Abgeschlabbert von dem Schatz
„Lecker schmeckst du, Schnuddelspatz"
Damit endet dieser Satz

Gurken-Süßkartoffelstampf an Kabeljau mit geschmorten Tomaten

Zutaten für 4 Personen:
500 g Süßkartoffeln
1 große Schmorgurke oder 4 kleine
¼ l Sahne
1-2 Tassen Wasser
1 Gemüsebrühwürfel oder Gemüsefond
4 Stück Kabeljaufilet
250 g Kirschtomaten
4 EL Rapsöl
1 EL Butter
2 Knoblauchzehen
4 Scheiben Zitrone
Pfeffer, Salz, Curry, Zucker
150 g Cashewkerne, gesalzen
Dill

Zubereitung:
Süßkartoffeln schälen, in kleine Stücke schneiden.
Gurken schälen, Enden auf Bitterkeit prüfen, stückeln.
Beides im Topf mit Wasser und Fond oder Brühwürfel
20 Min. kochen. Mit Sahne und Butter zerstampfen,
salzen.
Den *Fisch*, gewürzt mit Salz, Pfeffer und Currypulver, in
einer Pfanne mit erhitztem Öl ca. 10 Minuten garen.
Tomaten salzen, pfeffern und mit einer Prise Zucker
zusammen mit geschältem, zerkleinerten Knoblauch in
Butter schmoren.
Cashewkerne kurz anrösten, über den Fisch geben.
Alles auf Tellern mit Zitronenscheiben und Dill
anrichten.

Gurkendessert

Zutaten für 2-4 Personen:
½ Salatgurke
½ Honigmelone
1 Hand voll Himbeeren
1 TL Honig
3 EL süße Sahne
1 Spritzer Balsamico crema
1 TL braunen Zucker
Basilikum

200 ml Vanillesoße
selber herstellen oder Fertigsoße benutzen.

Zubereitung:
Gurke schälen, halbieren, entkernen, stückeln,
in eine Schale geben.
Honigmelone halbieren, entkernen, Ringe schneiden,
schälen, stückeln und zu Gurkenstücken geben.
Gewaschene Himbeeren, Honig, süße Sahne,
Balsamico, Zucker zufügen, vermischen,
abschmecken und in kleine Portionsschälchen füllen.
Jeweils mit Vanillesoße übergießen.
Zuletzt nehme man Basilikumröschen zum Verzieren
und Verzehren.

Gurkenmarmelade *mit oder ohne Melone*

Zutaten:
800 g Schmorgurken
200 g Honigmelone *oder Gurke*
500 g Gelierzucker 2:1
10 Blätter Zitronenmelisse

Zubereitung:
Schmorgurken waschen, schälen, halbieren, entkernen.
(Für Schönheitsmaske Entkerntes aufbewahren)
Marmeladengläser und Schraubdeckel mit kochendem Wasser
sterilisieren.
Zitronenmelisse kleinhacken.
Gurken und Melone kleinhacken, zusammen mit der Melisse
in einen Topf geben, kurz angaren, pürieren und Gelierzucker
hinzufügen. Auf dem Herd zum Kochen bringen, gemäß der
Angaben auf der Zuckerpackung (3-4 Minuten) sprudelnd
kochen lassen. Während des Kochens ständig umrühren.
Marmelade kochend in Gläser geben, sofort fest verschließen,
auf den Kopf stellen, nach 5 Minuten aufstellen und erkalten
lassen.

*Diese Marmelade kann auch für den Gurkenkuchen verwendet
werden.*

Gurkentorte

Zutaten für den Teig:
100 g Zucker
250 g Mehl
1 Eigelb
50 – 80 ml Schlagsahne
50 g Butter
½ Würfel Backhefe

Zutaten für den Belag:
1 Glas Gurkenmarmelade
250 g Philadelphia
½ Päckchen Vanillezucker
200 g Schlagsahne
20 g Puderzucker
1 Päckchen gehobelte Mandeln

Zubereitung des Teiges:
Zucker in eine Schüssel geben, Hefe einbröseln und vermischen. Weiche Butter, Eigelb und Sahne einrühren.
Nach und nach Mehl einsiebend vermengen.
1 Std. zugedeckt an einem warmen Ort gehen lassen.
(*Diesen Teig kann man auch für meine Gurkenpizza verwenden. Die Menge reicht aus für eine kleine Torte und eine kleine Pizza*)
Nach der Ruhephase den Teig lange knetend lockern.
Eine Tortenform fetten, mit Semmelmehl bestreuen, den Teig darauf ausbreiten, am Rand hochdrücken.
Den Tortenboden im vorgeheizten elektrischen Backofen bei 180 °C Unter- und Oberhitze mittig platziert 15-20 Min. backen, je nach Bräunung länger oder kürzer. Danach abkühlen lassen.

Zubereitung des Tortenbelages:

Gurkenmarmelade je nach Konsistenz mit Gelatine oder Agar Agar versteifen. Philadelphia in eine große Schale geben, mit Vanillezucker süßen.

Schlagsahne mit Gelatine und Puderzucker steifschlagen und vorsichtig die Hälfte davon unter den Käse heben.

Diese Philadelphia-Sahnecreme auf den abgekühlten Tortenboden streichen. Darauf die Gurkenschicht geben und darüber die restliche Schlagsahne verstreichen.

4 Stunden im Kühlschrank ruhen lassen.

Mandeln u. Deko nach Wahl aber erst kurz vor dem Verzehr auflegen.

Gurkenpizza

Zutaten und Rezept für den Teig:
(siehe **Tortenboden** der **Gurkentorte**)
Je nach Bedarf eine Hälfte oder die ganze Menge davon
verwenden - oder gekauften Pizzateig nehmen.

Zutaten für den Pizzabelag:
½ - 1 Paket Pizzakäse, geraspelt
200 g ausgenommene Shrimps
1 große Gemüsegurke oder Salatgurke
2 große Tomaten
2 Knoblauchzehen
1 Prise Zucker
Meersalz
Pfeffer
Currypulver
1 Zweig Dill

Zubereitung:
Den Teig nach der Ruhephase gut lockerkneten, schlagen,
werfen. Dann in eine gefettete und mit Mehl bestäubte
Tortenbodenform einlegen, einen Rand hochdrücken.
Bittere Enden der Schmorgurke abschneiden. Gurken
schälen, halbieren, per Teelöffel entkernen, in kleine
Stücke schneiden, auf den Teigboden legen. Knoblauch
schälen, in Salz zerquetschen. Tomaten waschen, in kleine
Würfel schneiden, mit Zucker, Knoblauchsalz, Pfeffer und
Curry vermischen und auf den Gurken verteilen.
18 Min. mittig im Elt.-Herd bei 180° C Ober-u. Unterhitze
backen. Erst dann die Shrimps und den Käse auflegen.

Nun 12 Min. weiterbacken. Je nach Bräunung die Pizza aus dem Herd nehmen.
Mit Gurkenscheiben und Dill verzieren.

Schon bei dem Anblick allein läuft einem das Wasser im Mund zusammen.

Diese Form fällt aus der Norm

Lisa's gepimpter Gurkenpimps

Zutaten:
300 ml Gingerale
225 ml Gin
75 ml Gurkensaft (von einer Salatgurke)
1 Hand voll Himbeeren
2 dünne Limettenscheiben
6 Blätter Zitronenmelisse
3 Samen Kardamom
1 Sternanis
2 Stück gezuckerter Ingwer
1 Prise Salz

Zubereitung:
Gurke waschen, zerkleinern, zerquetschen, mit einer Prise Salz
saften lassen, durch ein feines Sieb oder Tuch geben. Den
Gurkensaft mit allen Zutaten außer Gingerale in einem
Glasgefäß im Kühlschrank über Nacht ziehen lassen, dann
abfiltrieren.
Den Saft mit Gingerale aufgießen.
In Schnapsgläsern mit einer Scheibe Gurke servieren.

Für kleine Portionen ist das Mischungsverhältnis 1:1
= 1 Teil angesetzter Saft (im Kühlschrank einige Tage haltbar)
und 1 Teil Gingerale.

Lisa's Moorgurkenbonbons (Betthupferl)

100 g Zucker und 1 EL geriebene und getrocknete
Gurkenschale in einer beschichteten Pfanne karamellisieren,
gerade zähflüssig geworden auf Backpapier geben, schnell zu
einer Rolle zusammenschieben und fix kleine Stückchen
abschneiden. Daraus kleine Gürkchen formen.

Gurkige Besonderheiten aus meiner Region

Parfüm mit Gurke aus Laatzen

War sehr verblüfft
Habe entdeckt
Dass Gurken im Parfüm versteckt
Der frische angenehme Duft
Länger verbleibt, nicht gleich verpufft

Dry Gin aus Hannover

In Hannöverscher Südstadt destilliert
Man Gin gurkenaromatisiert
Kredenzt ihn mit ner Gurkenscheibe
Rückt den Bakterien zu Leibe

„Zeitungsgurken"

Zu „Vergurktes in Zeitungen":

Verkürzte Wiedergaben

1.) Im regionalen Wochenblatt vom 20.01.2013 las ich, dass eine **„Gurkentruppe"** im Halbfinale, die Heuberger sieben, als Gurkentruppe vom Dienst(*Haaß*) angereiste **Handballmannschaft**, nun Lunte gerochen (*Heuberger*) hätte, aufgrund des unerwarteten Sieges gegen Olympiasieger und Titelverteidiger Frankreich.

2.) Im regionalen Wochenblatt in irgendeiner Ausgabe entdeckte ich in Bezug auf Gurken Folgendes:

Überschrift: *„Sechs Flaschen* Wein und eine Gurke". In dem Artikel wird über den Auftritt des Comedian Sascha Korf in Hannover berichtet und darüber, dass ein Fitnesstrainer ihn auf seine Wampe aufmerksam gemacht hätte. Daraufhin hätte Korf gemeint, dass er sich mit einer Weightwatcher-Diät geißeln würde und behauptete: **„Ich ernähre mich täglich mit *6 Glas Wein* und einer Gurke".**

Mein Kommentar:
Was stimmt denn nun, 6 Flaschen oder 6 Gläser Wein?
Vielleicht sollte man die Gurkendiät einfach selbst testen.

Gurkensalat

2012©Elisabeth R. Evers

Ich bin die frische Gurke

2013© Elisabeth R. Evers

Ich bin die fri-sche Gur - ke und stets für euch be - reit. Ganz - jäh - rig zu be-kom - men welt - weit zu je - der Zeit. Ich bin mal schlank, mal dick - er auch, mal kurz, mal krumm, mal klein. Ein Pick - el-kleid schmückt mich, so soll es im - mer sein.

1.Auf feuch - tem Hu - mus - bo - den, warm, ge - schützt vor Wind.
2.Un - reif, noch jung und kna - ckig grün, ganz leck - er, zart.

Ran - ken am son - ni - gen Plät - zen, pro Blü - te ein Gur-ken - kind. Nimm mich, pro-bier mich, leg
Lässt du mich mal wei - ter wach - sen, dann iss mich e - ben ge - gart.

mich auf dei - ne Haut. Ge - sund - heit ich schen - ke, mein I - mage da - rauf baut. So nimm mich! Pro -

bier mich! Leg mich auf dei - ne Haut! Ich Haut!

Gurkenflieger

2015©Elisabeth R. Evers

Voice

♩ = 75

C   **G**

Ich set - ze mei - nen Geist   in   ei - nem Flie - ger aus,   in

F   C   Dm   G

ei - nem Gur - ken - flie - ger,   da   bin ich oft zu Haus.

1.Ganz   au - to - ma - tisch   fang - en   die
2.Auf   Gur - ken - fel - dern   schwe - bend   stets
3.Ich   bin   ja   nicht   al - lei - ne   mit
4.Be - zah - lung,   die   ist   mie - se,   das
5.Und   je - des   Jahr   aufs   Neu - e   flieg'

C   G   Am   F   G7 C   G   C

Hän - de   Gur - ken   ein.   Das   al - les nur im Lie - gen, nichts könn - te ___ schö - ner sein.
ü - ber - le - gen sein.
Gur - ken - träu - me - rei'n.
Mus - kel - trai - ning fein.
ich   zur Ern - te   ein.   Dann   kann ich im - mer lie - gen,   gar   nichts kann schö - ner sein.

Refr.

C   **G**   **F**   **G**   **C**

Gur - ken,   Gur - ken,   nichts   als   Gur - ken,   Gur - ken, Gur - ken   ü - ber - all.

F   C   G   Am F   G7   C   F   G   C

Klei - ne   hüb - sche   Pick - el - ding - er   quä - len   mei - ne Gum - mi - fing - er,   Gur - ken, Gur - ken ü - ber - all!

Senfgurkenweise

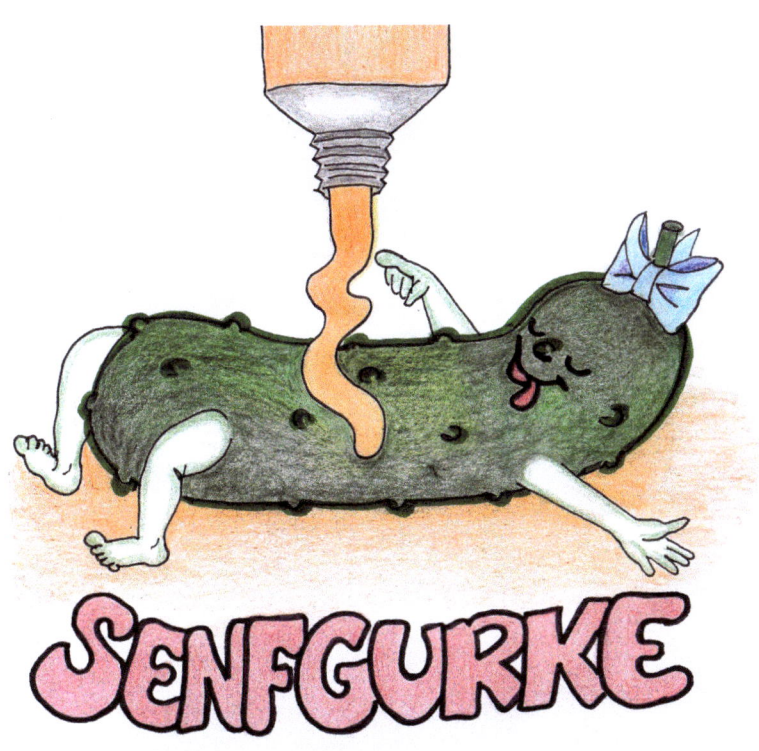